JN440359

성상길 네 번째 詩集

동행

동행

인 쇄 : 초판인쇄 2014년 10월 25일
인 쇄 : 초판인쇄 2014년 10월 30일
지은이 : 성상길
펴낸이 : 윤기영
편 집 : 정설연
펴낸곳 : 노트북
등 록 : 제 305-2012-000048호
본 사 : 서울시 동대문구 사가정로 256-4호 나동B101
전 화 : 070-8887-8233 팩시밀리 02-844-5756
이메일 : hdpoem55@hanmail.net

2014 & 성상길_네 번째 詩集

정 가 : 10.000원

ISBN : 978-92687-49-2-03810

한국 현대시[韓國現代詩]

811.7-KDC5
895.715-DDC21 CIP2014030303

저자의 말

시인의 마음으로 글을 썼다면
한 줄의 글도 쓰지 못했을 것입니다
생활인으로 생활 속에 묻어나는 생각들을
있는 그대로 한 줄 옮겨두고
마음 한 점 덤으로 보탠 것이 시가 아닌 시가
되었습니다.
글 한 줄에 마음 올려두는 생활은
가장 큰 재산을 모으는 것이며 값진 행복을 키우는
자양분이 될 것입니다.

1부. 동행

2부. 종이배

3부. 행복은

4부. 마음정원

my dream

1부. 동행

내 인생길
누가 함께 동행할까 곰곰이 생각하니
그대였으면 좋겠다.

-동행 中-

동행

지금도 눈감으면
내 가슴 속
똬리를 틀고 앉은 당신

하늘 곱고
복사꽃 고운 봄날
그대와 함께 하고픈 여행길

찾아도 보이지 않고
불러도 대답 없는 그대에게
동행을 권하고 싶다

혼자 가는 길 외롭고
혼자 가는 길 힘들다 하소연 말고
동행 하자구나

내 인생길
누가 함께 동행 할까 곰곰이 생각하니
그대였으면 좋겠다.

옛 추억 속 겨울

춥다 춥다 하여도 어린 날의 추위는 없네
손등이 거북등처럼 갈라지고
틈새로 빨간 피가 나던 시절
기온은 그때 같은데
눈도 없어져 버렸고 강가에 얼음도 없어져 버렸다

질퍽이던 눈길 걷던 추억, 썰매 타던 추억
모두가 엊그제 같은 생생함이 남아있건만
따뜻한 옷, 한 발짝도 차를 타고 다니는 생활
무명옷 누벼 입고 다니던 시절
어찌 오늘을 상상이라도 하였으리.

품으로 돌아가는 길

다들 떠난다고 야단이다
다들 돌아온다고 환호성이다
고향 찾아 떠난 이
고향 찾아 돌아오는 이 그 누인가?
부딪기며 정신없이 살다
모든 것 잠시 내려두고 떠나고 찾는 고향
잊었던 부모님도 있고
잊었던 친지, 친구들도 있네.

오 천년 이어온 우리네 명절
설 명절보다 더 값진 시간 어디 있으랴.

첫날밤

첫날밤이 주는 설렘
꿈꾸고 기다리고 기다렸던 날
보고 싶어 울고
그리워서 울고 또 울었던 나

어디 있다 이제 왔니
만나고 싶었던 내 사람아
그대 사랑 앞에
내 눈물은 샘물같이 맑아졌답니다.

지난날 꿈속 사랑
어젯밤 함께한 사랑 곱기도 하다
보고 싶어 울고
그리워서 울고 또 울었던 나.

가족 나들이

불판 위에 고기만 굽는 아버지
맛을 음미하는 예쁜 딸
젓가락질이 바쁜 용감한 아들
아이들 먹는 모습만 바라보는 엄마

맛나게 먹어 주는 것만으로
엄마 아빠 행복하게 해주는 식탁
소박한 외식, 얼굴 마주하는 시간
생일이 가져다준 소중한 식탁 풍경.

허수아비 마음

출입문만 열려도
혹시나 하고 고개를 드는 습관
보고 싶다는 마음이
나를 지배하고 있었나 봐요

길가는 사람만 보아도
혹시나 하고 달려가지는 나의 발걸음
보고 싶다는 마음이
또 나를 지배하고 있었던가 봐요

마음뿐인 나
달려가지도, 소리쳐 말도 못하는
허수아비 마음
하늘을 나는 새가 되라 하네

내게 당신은.

사람이 살면서

사람이 한평생 살면서
마음이 시켜 행동하나
때론 육신이 시켜 행동할 때가 있다

몸과 마음 하나인 듯하나
서로 상반된 움직임
아주 가끔은 하나가 될 때도 있다

어느 것이 더 소중한가?
마음에서 시작된 행동과
육신으로부터 시작된 행동 중에서

당신은 내게
어떤 행동을 원하는가.

인사

승진한 사람은 기분 좋고
승진하지 못한 사람은 기분 나쁘다
원하는 자리 옮겨 기분 좋고
밀려나는 자리 아쉽고 기분 나쁘다

직장 생활 속 계절풍처럼 부는 인사바람
일소 일비 하는 숱한 동료들
마음에 담고 살면 힘들고
마음에 담긴 것 비우고 살면 행복하리라

어디 간들 일하지 않고 살 수 없으며
하는 일 어느 것 하나 소중한 것이 없는데
소주 한잔에 내 삶을 바꿀 수 있으랴
오늘을 보지 말고 내일을 보며 살자.

가슴에 남겨진 약속

저 강 건너면 내 고향인데
저 강 건너면 내 부모, 내 형제 만날 수 있는데
건너올 때는 내게 물길을 열어 주었건만
지금은 막혀버린 물길 건너갈 수 없구나.

부모형제 두고 떠나올 때
자리 잡으면 데리러 오겠다고 약속하였건만
그 약속 아직도 가슴에 남아
밤마다 애타게 기다리는 가족들 꿈을 꾼다.

강 건너와 황무지 같은 타향에서
결혼하고 아이들 낳고
오순도순 행복한 삶을 살아가건만
굶주리고 추위에 떨다 지쳐버린
남겨진 내 부모, 내 형제는 어떻게 살아갈까

이곳 삶은 풍요로운 삶이건만
메마른 산처럼 헐벗고 병들지는 않았는지
저 강 건너면, 저 강 건너면 내 고향
돌아가고 싶어 나는 오늘도 이곳에서 울부짖고 있다.

기다림

기다림에 행복함과 아름다움을
내 어찌 당신에게 말로 글로 표현 하리
기다리는 동안
당신의 모습을 수없이 그려보지요

예쁜 얼굴, 성난 얼굴
그리고 또 그려보았지만 어느 한 곳이라도
미운 구석은 없답니다.
내가 기다리는 당신은 예쁘기만 하지요

남들은 불확실한 기다림은
힘들게 하고, 아프게 하고, 지치게 한다지만
기다림에 익숙해진 난
기다림의 시간이 참 행복하답니다.

내가 당신을 기다리고
기다림의 결과에 얽매이지 않는 것은
기다림의 아름다움을
당신이 내게 선물해주었기 때문이 아닐까 합니다.

달아난 새벽잠

홰치는 새벽녘
달아난 잠 찾아 누웠건만
나잇살 먹어간다는 것 자랑이라도 하듯
잠은 달아나 버렸다.
밤새 조용하던 나뭇가지 위에 새소리
새벽운동 나서는 발걸음소리
하루를 시작함을 알리건만
깊은 잠에도 빠져들지 못하고
그렇다고 잠자리에서 일어나지도 못한 채
굳어져 가는 몸 뒤척이는 몸짓
나이 들면 잠이 없다던
돌아가신 엄마가 생각난다.

삶의 순위

젊었을 때 삶의 순위
재물, 출세, 명예, 건강
늙어 가면서 삶의 순위
건강, 명예, 출세, 재물

삶의 순위가 바뀌어 간다는 것은
늙어 간다는 좋은 징조
늙은 사람이 있기에
사회는 정화되어 가고 윤택하여진다

비우고 늙어 간다고
슬프거나 불행한 것이 아니다.

사랑하는 법과 행복해지는 법을 알려주십시오

사랑하는 법을 내게 좀 알려주십시오.
나는 나를 사랑할 줄 몰라 늘 불안합니다.
행복해지는 법을 내게 좀 알려주십시오.
나는 늘 불행하다고 생각하면서 살고 있답니다.
사랑하는 법을 몰라, 행복해지는 법을 몰라
살아도 산 것 같지 않고
무의미한 시간만 흘러가는 것 같아
이건 아닌데 하면서 머리를 흔든답니다.

나조차 나를 사랑하지 않는데
누가 나를 사랑해 줄 것이며 남을 사랑하겠습니까?
나 자신이 불행하다고 생각하는데
누가 나를 행복하게 해 줄 것이며
내가 어찌 남의 행복을 빌겠습니까.

사랑하는 법을, 행복해지는 법을 좀 알려주십시오.
누군가가 나를 위해 알려준다면
나를 사랑하고
행복한 나를 위한 시간을 아끼지 않겠습니다.

어머니

코흘리개 막내아들
천장 낮은 구들 목에 눕혀놓고 부르던
한 소절 노랫가락
가신지 오래건만 잊히지 않네.

한 땀, 한 땀
어두운 호롱불 밑 바느질하던 어머니
곱디고웠던 여인
떨어진 소맷자락에 비친 나의 어머니.

아주 작은 선물

시험이란 문턱을 넘지 못하고
잠시 실의에 빠진 아들아이에게 드라이브를 권했다
목적지 없이 한참을 달리는데
아들아이가 새로 막은
댐(영천 화북댐) 쪽으로 가자고 한다.
한참을 차를 몰아 도착한 곳 청송군 현서
다시 돌아서 노고재로 향하였다

노고재 정상에서
커피 한잔과 어묵 몇 개를 사이에 두고
금방 지나온 길은
넓고, 곧고, 산을 뻥 뚫은 터널을 지나왔고
앞으로 갈 길은 꼬불꼬불하고 위험하고, 불편하고
시간이 오래 걸린다.
편하고 빠른 길을 가기 위해선
지혜와 노력과 숱한 어려움을
이겨 내어야 만이 가능하다고
인생 선배로서 한마디 하며 위로했다

지혜롭지 못한 자, 노력하지 않는 자
위험 앞에 몸을 숨기는 자가 가야 할 길은
꼬불꼬불 멀고 험난한 길뿐

편하고 빠르고 안전한 길은
신이 내게 내려주지 않는다는 말로
한번 실패하였다고
주저앉지 말기를 비는 마음에서
아버지가 아들아이에게 해줄 수 있는
아주 작은 선물.

1부. 동행

떠나감을 축하합니다

인생의 2/3를 몸담았던
내 집 같은 직장 그만두고 떠나는 선배님
그동안 좋은 일 나쁜 일
많고 많았지만 가슴에 담지 말고 그냥 가소서

떠나는 길 마지막이라 생각 말고
또 다른 시작이라 마음속 다짐하면서
꽉 막힌 굴레 속을 벗어나
정말 자유롭고 삶다운 삶을
인간다운 삶을 사시길

지금까지 함께한 우리들
누가 선배님을 향해 혀 꼬부라지는
소리는 하지 않습니다.
그냥 형님 같고 부모 같고
편한 울타리 속 안식처 같았던 선배님이었소

자연인이 되어
바람 소리 새소리 물소리 사람 소리 들으면서
그동안 하지 못한
숱한 일들을 이제는 정말 신명나게 하소서

고맙고 존경스러운 선배님
퇴직이 끝이 아님을
후배들에게 꼭꼭 보여 주소서
다른 이에 마음은 알지 못하나
저는 선배님을 가슴가득 담고 살렵니다.

수고 하셨습니다.
사랑합니다. 선배님
부디 건강한 몸으로
행복한 삶에 지게를 지고 가소서.

세월

6월
하지란 절기를 품은 달
한해의 반긴듯하면서도 짧기만 한
지나간 반년

6월
신록이 세상을 뒤덮고
햇살은
회색 도시를 점령하였다

108 염주처럼
마음속 물레는 돌고 돌아왔건만
삶의 타래는 언제나 제자리
무엇을 하였는가?
지나간 반년.

고향집

앞들 황금 논은 그대로인데
뒷골 다락논은 어디로 가고 잡초만 가득하고
어린 날 나를 품어 안던
황토 빛 고운 마당은 어디 가고 잡초만 무성하다

북망산천 가버린 어매랑 아버지
뉘 와서 살붙이고 살기를 원하였건만
사립문은 낡아 떨어져 나가고
주인 잃은 안방은 거미들의 세상이 되었다

허물어진 지붕위에 올려진 마음
가을바람 불어와 다독여 주려하나
골 깊은 초가지붕 닮아가는 허전함은 어찌할까.

친구

지난 삶 속
너와 난 친구였고
또 남은 삶 동안
너와 내가 친구였으면 좋겠다.

삶은 언제나
끝이 보이지 않는 길을 가는 것
언제 어디서
끝날지 모를 삶의 여정

삶 속에 묻어난
시답잖은 생각들이지만
너무 뜨겁지 않은 찻잔에 담아
두 손으로 꼭 움켜잡아보자

도란도란 나누는 따뜻한 온기
열심히 살아갈 수 있는
자양분으로 쌓여 가리라.

변덕쟁이의 하루

아침 이른 출근 시간
무거운 발걸음, 땅만 보고 걷는 나
햇살이 한 움큼 낫살을 간지러우면
새소리 바람 소리에 놀라 환한 웃음 짓다가
누군가의 말 한마디에
얼굴은 검은색 푸른색 가슴은 불이 탄다.

햇살 드리운 창가에 앉아
나는 왜 이럴까
나는 왜 이럴까
나를 달래고 어루만져 간신히 앉은 의자
삐거덕삐거덕 소리에 혼쭐이 나고
죄 없는 컴퓨터 화면만 째려본다.

오늘은 기분 좋은 날
오늘은 기분 나쁜 날
오늘은 억수로 기분 좋은 날
오늘은 더럽게 기분 나쁜 날
변덕에 변덕을 거듭한 나
미쳐 버릴 것 같은 머리 쥐어짜며 퇴근준비를 한다.

희망

인생 여행길
배낭 속 무엇을 담았는가 물으니
누구는 희망을 담았다고 하고
또 누구는 사랑을 담았다고 한다.

나의 인생 여행길
배낭 속에는 무엇을 담았는가
때론 무겁고 때론 가볍기만 한
알 수 없는 그 무엇

앞만 보고 살아온 시간들
사라져 간 배낭 속 무거운 짐들
쉬엄쉬엄 쉬어 갈 때면
배낭 속 담긴 것을 꺼내 보고 싶다

내 앞에 놓인 여행길
내가 지고 가야 할 배낭 속 소중한 것이
꿈이었으면 좋겠다.
그리고 희망이었으면 좋겠다.

마음의 독

마음 독 가득 담은
삶과 인연의 씨앗들이 장난을 치다보니
때론 죽도록 사랑하였고
때론 죽도록 미워하며 살아왔다

한 줌도 안 되는 마음 비우면
행복해지는 것을
가득 채워놓고 살아온 나
무엇이 그리 아깝고 소중해 비우지 못하였나.

아까울 것도 없는 마음의 독
이제는 비워야 하리라
사랑과 미움이 뒤범벅되어 풍기는 악취에 취한
병든 나를 위하여.

기다림의 미학

딸 여섯 둔 아낙네가
일곱 번째 아들을 낳고 흘리는 눈물과
칠년대한 가뭄 끝에
흙냄새 풍기며 내리는 단비 맞으며 흘리는 눈물
오랜 기다림이 없었다면
벅찬 감사의 눈물은 없었을 것입니다
삶 속에
때론 기다림의 미학도 필요하나 봅니다.

참사랑

말없이 마주보는 눈길 속에
주고받는 마음 한 점 한 점 모여 앉아
나를 알고 너를 알고
한순간 침묵이 흘러가나
끝없이 깊어가는
침묵 속 깊은 사랑 내 참사랑이어라.

보배로운 친구

친구 한 명
얻는다는 것은 로또 당첨되는 것보다
더 큰 부와 행운을 얻는 것

난 살면서
얻은 것과 잃은 것이 많은 사람이다
그래도 난 얻은 것이 많은 사람

친구와 나누는 담소
몸은 멀리 있으나 마음은 언제나 지척

눈 감으면 내 가슴에
품어지는 친구 어찌 잊을 수 있으리
친구는 내게 보배로운 것을.

행복한 사람

미안해하는 형님
아니라고, 고맙다고 하는 동생
먼 친척이라
주변에서는 말하지만 우린 친형제 같은
정을 나누는 형님과 동생

흰머리 감추려고 염색하고
젊게 사시는 모습
건강을 잃지 않고 왕성한 사회 활동하는 그를
누가 70대 노인이라 말하는가
나이보다 마음에 있음을

한배를 빌어 타고난 형제도
자신의 영달을 위해 잊고 지내는 세상
문득문득 어떻게 지내나 생각만 하고
전화 한 통 없는 세상사

누구를 위해 행하지 못한 아쉬움을
전해 주는 형님을 가진 난 복이 많은 사람
남들은 나보고 말하지
가진 것 없고 볼품없는 복 없는 사람이라고
그러나 난 아니라고 말하고 싶다.

좌절 뒤에 핀 꽃

온실 속 화초보다 산비탈 이름 없는 꽃이
더 향기롭고 더 질긴 목숨을 부지하듯
넘어지고 짓밟힌 자만이 아픔을 알고
넘어지고 짓밟힌 고통 속에 다시 일어난 자만이
함께 어우러져 성공하는 법과 사랑을 안다.

어리석은 사람

오지 않는 사람을 기다리는 것만큼
어리석은 사람도 없고
불러도 대답 없는 사람을 목 놓고 부르는 것만큼
어리석은 사람도 없다

나는 참 많이도 어리석은 사람이다
수년을 기다렸고 수년을 불렀다
오지 않는 사람, 대답 없는 사람을
이제 지칠 만큼도 하다, 사실 난 지쳐버렸다.

어리석다 해도 좋다.
못난이라 해도 좋다.
기다려도 보고 불러도 보고 싶다.
그에게 누가 되지 않기를 바라는 마음으로.

보잘것없는 생각들

작은 쪽지에
보잘것없는 생각을 적는다.
누가 보아줄 사람도 없다
누구에게도 보여 주고 싶은 생각도 없다

그냥 적는다.
그냥 남겨 두기 위해서이다

볼품없는 마음속에서
보잘것없는 생각들이 불쑥불쑥
돋아나는 것은 무엇 때문일까
마음의 문인 눈을 감아 버릴까

작은 쪽지란 아쉬움보다
내 마음 작고 보잘것없음이 더 가슴 아프다.

부모자식

당연 해야 할
부모의 자리와 사랑
자식의 도리

부모로서 삶
자식으로서의 삶
부족함이 없는 삶은 없다

돌이켜 보면
하나하나 후회되는 기억들
과거란 틀 속에 가두고

새털처럼 많은 앞날
미래란 거울 속에 비친 모습 보며
희망이란 선물을 나누자.

얼룩

쉰 넘은 지 오래건만
조그마한 것에 감동하고
조그마한 것에 아파하는
아직도 마음은 철부지 어린아이

욕심과 아집과
무능함에 젖어 살아온 날들
얼룩 되어 달라붙어
눈멀게 하고 귀먹게 하였네

생각이 날줄 되고
행동이 씨줄 되어 엮인
삶이란 배 한 필
육신을 감싼 한 벌의 옷감은 될까.

무욕(無慾)

풍성한 가을
마음속 보름달이 뜨면
얼마나 좋을까

깊어가는 가을밤
마음속 평온한 정적이 깔리면
얼마나 좋을까

스산한 바람
옷깃 여민 목덜미 위에 내려앉아
다독이는 소리

먼 기다림 끝
돌아서는 발걸음 속 허전함
버리고 가라 하네.

2부. 종이배

선택받지 못해 아프고
선택받아 행복한 문서 한 장
난 이것을 종이배라 하고 싶다
자신의 의지와는 상관없는.

-종이배 中-

종이배

기분 나빠 한잔하고
기분 좋아 한잔한다.
보내기가 섭섭하여 한잔하고
맞이하는 반가운 마음으로 한잔한다.

가기 싫은데 가야하고
가고 싶은데 못가고
가야하고, 보내야 하는 시간
골목길 선술집이 분산하다

선택받지 못해 아프고
선택받아 행복한 문서 한 장
난 이것을 종이배라 하고 싶다
자신의 의지와는 상관없는.

영천장날

갖가지 어린 새싹들은
좌판에 앉아 어여쁜 아기씨 마냥
바지런한 농군들을 기다리고

허리 굽은 할아버지 할머니들은
한 그릇 국수로 새벽 허기를 채우고 있다.
좌판 옆에서, 오늘은 영천 장날

대목장날

싸늘한 아침 공기 데우는 커피 한 잔
옹기종기 모여앉은 자리
살아온 이야기, 손자 손녀 자랑이 넘쳐난다

시장통이 붐빈다.
오늘은 제법 대목 장날 같다
붐비는 인파 속 대목장 인심

함께 저 속으로 들어가
온기와 사랑을 나누어 볼까.

대한이 지나간 자리

손 시린 아침이지만
동녘 하늘에는 붉은 태양이 떠오르고
하루를 시작하는 발길 분주하다

시작이 반이라는 말이 있듯이
새롭게 시작한 새달이 다 저물어 가고
세월 속에 띄워진 삶의 배는
인연이라는 바람에 실리어 빠르게만 간다.

열심히 부딪치며 살다보면
손 시린 겨울 가고 봄이 오겠지
기다리는 마음으로 오늘도 행복한 하루.

꿀벌의 고행

꽃도 피지 않았는데
봄빛 찾아 날아온 꿀벌 한 마리 무엇을 얻을까
겨울 끝 텅 빈 곡간에서
아직도 봄은 멀리 있는데, 찬 서리 가득한데
홑이불 하나로 어떻게 아침 햇살 기다릴까
먼저 시작하는 바지런한 고행
새로운 세상 열어주는 등불이 되어 타오른다.
숱한 중생들의 걸음 위해.

할미꽃

내 오랜 잔영 속 미떵 봉우리 누른 잔디 비집고 나온
고개 숙인 할미꽃 망각이란 동굴 속 나를 깨운다.
허리 굽은 엄마 고개 숙인 할미꽃
할미꽃 너만 보면 엄마가 보고 싶어 눈물이 난다
오늘은 올까 내일은 올까 나를 기다리던 엄마

하얀 꽃대 끝 매달린 갈래꽃
그대 이름 어찌하여 할미꽃이 되었나.

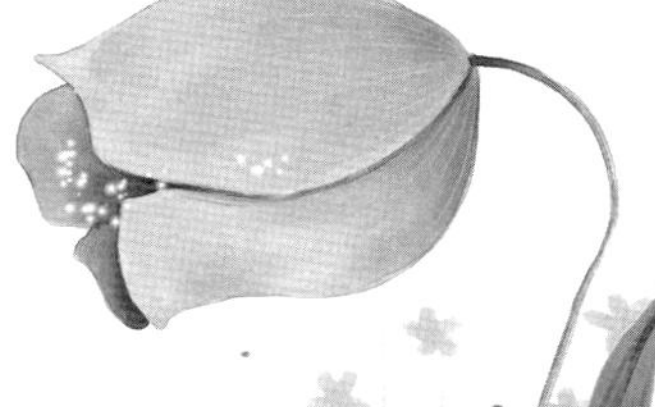

천둥소리

한나절 따사로운 햇살에
만개 해버린 벚꽃
때 이른 천둥소리에 놀라 어쩔 줄 모른다.
오늘밤 비 오고 나면
또 다른 봄꽃이 따사로운 해님 손잡고
살며시 고개 들어 수인사 하겠지

봄을 시샘하는 하늘이
심술궂은 시어머니를 닮아가는 듯하다.

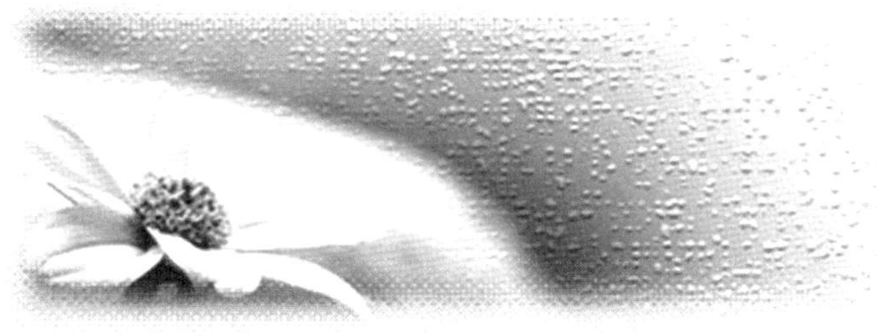

화전의 추억

벚꽃은 함박눈처럼 날리고
들판 가득한 도화 향기는 날 불러 젓만
방향 잃은 나는 어디로 갈까

눈으로 보고 곱다
마음으로 담으며 곱다 한들
글 한 줄 남기지 못하고

사진 한 장 찍지 못하는 마음에 여유
남은 것은 잔상뿐
연분홍 진달래 꽃잎

엄마 손길 따라 화전 한 잎으로 다가왔던 기억
저 세상 사람 된지 오랜 엄마
추억은 아직도 색이 바래지 않았네.

강변에서

봄의 활기찬 기운과
가슴 가득한 봄꽃 향기가 유혹하는
햇살 도타운 금호강변

학교마저 땡땡이치며
개구리며 가재 잡던 추억이 살아나
골 깊은 주름위에 미소를 띤다.

봄비

바지런한 사람
일하기 참 좋은 단비
게으른 사람
놀 핑계가 참 좋은 단비
오늘의 단비를
나는 봄비라 하네.

바꾸어 볼까

아침마다 커피를 찾는다.
한잔하지 않으면 허전하다
아마도 중독인 듯 같다
습관처럼 찾는 커피
하루에도 몇 번째인가 조차 잊어버렸다

커피의 진 맛을 알고 먹는 것도 아닌데
그저 달달한 맛에 포로가 되어 버린 지 아주 오래다
보이지 않는 맛과 카페인이
포로가 되어 버린 나를 가두고 조정한다.

하찮게 여기는 커피에 포로가 되어버린
나약하기 짝이 없는 나지만
소중하고 값진 나눔과 배려 앞에서는
아주 멀리 달아나 버릴 정도로 빠르고 날렵하다

사람이 바뀌면 안 된다고 하나
꼭 그런 것만은 아닐 것 같다, 우리 함께 바꾸어볼까
나쁘다는 것을 아는 순간에도
나는 포로가 되어 있는 것은 무엇 때문일까.

바람에 휩쓸려

바람에 떠다니는 낙엽도
오랜 젖음 뒤엔 안식처를 찾아
갈아 앉건만

이놈의 육신은
아직도 바람에 휩쓸려
어디인지 모를 곳을 향해 떠나간다.

오랜 세월 비바람에 젖고 찢어졌건만
또 찢길 것이 남았는지
바람에 몸과 영혼을 맡긴다.

마음속 지팡이

이놈도 차고 저놈도 차는
바람 빠진 공처럼 사는 인생은
언제나 아픔만 있고

이놈도 좋아하고 저놈도 좋아하는
예쁜 곰돌이처럼 사는 인생은
언제나 사랑받아 행복이 넘친다.

바람 빠진 공처럼 살 것인가
예쁜 곰돌이처럼 살 것인가는
자기 마음속 지팡이가 인도하리라.

구분 없는 마음

사랑한다고 말하지 않으련다.
그러나 좋아한다고는 언제나 말하리라
사랑은 열정과 노력과
늘 마음에 품는 애틋함이 있어야 하나
좋아라 함은 있는 그대로의 나이면 된다.
누구를 특정지어 사랑하기보다
구분 없이 좋아하는 마음이 좋다.

뜨이지 않는 혜안

겉이 검다고
속도 검은 것은 아니며
겉이 희다고
속도 흰 것은 아니다

겉 다르고 속 다른 세상
겉만 보는 세상에 눈
깜깜한 세상 모퉁이에 서성이는 나
속을 보는 혜안(慧眼)은
언제쯤 뜰 수 있을까.

그리운 친구들

삼복중 초복 중복은
여름날 가운데를 지나가고
이제 남은 것은 말복 뿐

시간의 흐름
계절의 바뀜은
조심스럽게 조용히 지나가나

지난 친구들과 만남은
가을 만남을 잉태하기 위하여
소란스럽게 잊혀져간다.

더위보다 더한 갈증을 느끼는
우리들의 만남
연륜만큼 깊어지길 바라는 마음.

우리들의 인연은

한평생
잊히지 않은 인연
순수함으로 맺었고
몇 날 지나지 않아
기억 속에 지워지는 인연은
혼탁한 마음으로 맺었다.

고추 친구가
잊히지 않는 것처럼
우리들의 인연은

내 답을 할까, 네가 답을 할래.

여름날의 밤

구룡산 너머로 해가 지면
마당에 모깃불 피워놓고
멍석위에 온 가족이 둘러앉아
피감자 한소꾸리로 저녁을 때우고
밤이 깊도록 나누는
알아듣지 못하는 이야기 자장가 삼아
은하수 이불 덮고 잠이 들었다.

오랜 잠에서 깨어나니
아버지도 어머니도
먼동과 함께 가버리고 홀로 남았네

*구룡산 : 경북 영천시 북안면 상리 산.
*피감자 : 껍질을 벗기지 않고 삶은 감자.

너무나 소중한 사람

내가 사는 동네 수백
내가 사는 도시 수십만
내가 사는 나라 수천만
내가 사는 지구 수십억
헤아릴 수 없는 사람들

이야기를 같이 나누고
식사를 같이 하고
사랑을 함께 나누는 사람은
손가락으로 꼽아도
손가락이 몇 개나 남는다.

사람 수만큼
많은 단어 중
서로의 마음을 읽어 주고
어루만져 주는 단어는
내가 아는 사람 수보다 적답니다.
손가락에 꼽히는 사람은
마음과 마음 연결하는 단어는

나는...
당신은...

폭락한 과일 값

비 오는 들녘
물먹은 탐스러운 복숭아밭이랑
비에 젖은
농군은 신음에 젖는다.

날이 좋다면
한창 수확의 기쁨이 넘치겠건만
비로 인해
당도는 떨어지고 가격은 폭락

성공은 노력하는 자의 몫이라
누가 말하였으나
꼭 맞는 진리는 아닌 것 같다
봄부터 그토록 땀을 흘렸는데.

알지도 못하면서

행인이 내게 길을 묻는다.
한 번도 가보지 않은 길, 말로만 들은 길을
나는 그 길을 잘 아는 척 알려주었다
행인은 알려준 대로 그 길을 갔다
가보지 않은 길 가 본 척, 아는 척 알려준 내 행동
내가 행한 행동이 옳았을까
그 행인은 목적지에 무사히 도착했을까.

억새의 조언

살아온 날들과
믿어온 마음에 지팡이와
아직도 나를 지탱하는 숱한 꿈들

무엇을 하고 살았으며
무엇을 믿고 살았는지
딱히 말할 수 없는 내 삶의 역사

가을 같은 중년
꿈에서 깨어나지 못한 채 청년인 듯 살아간다.
내 삶 한 줌 움켜잡고

햇살 따사로운 날
산책길 함께하는 백발 휘날리는 억새는
버리고 살라 한다 채울 수 있도록.

나눔

징검다리가 필요한데
커다란 다리를 놓아 준다면
당신은 좋다고 할까요?

무겁고 많은 물건을 날라야 하는데
낡고 작은 손수레를 준다면
당신은 좋다고 할까요?

나눔을 실천하는 것은
필요한 곳에 필요한 것을 나누는 것입니다
당신은 어떤 나눔을 원하겠습니까.

가을비

어젯밤 내린 비로
가을꽃은 생기를 찾아 웃고
폐부를 찌르는 상쾌함
오욕에 찌든 냄새 몰아낸다.

하늘 맑고, 하늘 높은
비 온 뒷날 가을
한 해 동안 꾸려온 삶의 타래
엉키지 않았나 걱정이 되네.

산

산은
어머니고, 아버지다

언제나
품어주고 다 내어주는 산

산에 가면
나는 부자가 된다.

가을

파란 하늘
풀벌레 소리, 장끼의 홰침 소리
소설 바람 소리소리

가을 색이 완연한
아침 햇살 받은
비알 콩밭, 티 없는 파란 하늘

마음이란 생각의 샘
가을이란 감로수로 가득 채워
너도 한잔 나도 한잔

찬이슬 방울방울 살갗을 여미는 아침.

퇴색된 화선지

당신을 위해 기도한다던
나의 속삭임은 거짓이었나 봅니다.

나를 위해 기도해준다던
당신의 속삭임도 거짓이었나 봅니다.

누가 누구를 위한
기도를 한단 말이오

자신을 위한 기도도 하지 못한 채
하루, 하루를 살아가는 날들인데

"세속에 묻혀 삶의 때가 덕지덕지 붙은
당신과 나의 본성은
퇴색되어 빛바래고 낡은 화선지가 되었네."

엉켜버린 실타래

비는 오는데, 밤은 깊어 가는데
옛 생각은 잊을 줄 모르네
불을 끄고 누울까
아니야 그냥 더 눈꺼풀을 껌벅여보자
고단한 몸 누이면 쉬 잠이 들겠지
하루 이틀 한해가 지나갔습니다
또 한해가 지나가려고 합니다
옛 생각에 잠 못 이룬 밤
애달픔이 간절해 오는 시간 멍한 가슴
한 올, 한 올 실타래를 풀듯
풀어볼까 하나 매듭은 더욱 꼬여만 갑니다
엉켜진 실타래 같은 인연들

"풀려고 하지 않겠습니다.
그냥 엉켜진 체 그냥 두고두고 보겠습니다".

잠 안 재우는 나라

꿈이 없는 아이들
꿈을 꾸지 않는 아이들
우리에 짐승처럼 먹고 책상 앞에 앉아
책장을 넘기건만
내용은 눈에 보이지 않고 눈꺼풀만 무겁네

키는 육(六)척 대장군 같고
덩치는 산만하건만
작은 도랑 앞에 서서 울고
작은 고갯마루 초입에 주저앉고 마는 아이들
자신의 삶 앞에 놓인 크고 작은 강이며 산을 어떻게
건너고 넘을까

1등이면 무얼 하리
좋은 직장을 찾아간들 무엇 하리
자신을 다스리지 못하고
자신의 꿈이 없는 우리 아이들

"말로는 꿈을 꾸라고 하면서도
잠은 안 재우는 나라 우리나라."

인생길

한발 한발 먼 길 걸어온 나그네
지나온 길 뒤 돌아보고 하는 말 한마디
“어느 길 하나
바르고 편한 길 없었다 하네“.

삶은 언제나
힘들고 고단한 여행길이었지만
단비 같은 행복한 순간이
삶을 지탱하는 힘이 되었고 꿈을 꾸게 하였다

트리나 폴리스가 쓴
꽃들에게 희망을 이란 동화 속 이야기 같은
단순한 우리네 삶.

아름다운 마음

친구 부부모임에
함께 참석하여
집사람이 작은 돈이지만 찬조를 할 때
나는 곁눈질로 보았다

집사람 친구 부부모임에
또한 함께 참석하여
내가 얼마 되지 않는 찬조를 할 때
집사람은 꼬집었다

왜 꼬집었을까
이유를 모를 일이다, 당신을 위해서인데
왜 곁눈질하였을까
이유를 모를 일이다, 나를 위해서인데

서로를 지켜주는 마음
서로를 챙겨주는 마음
배려가 나를 행복하게 하였고
배려가 당신을 행복하게 하였다

행복은 마음에서 시작하여
서로를 생각하는 배려에서 자라나고
나의 마음 읽어 주는 것
당신 마음 읽어 주는 것에서 결실을 맺는다.

인연의 흔적

작고 예쁜 돌 하나에도
그대 생각에 젖어들고
길섶 빛바랜 민들레 한 송이에도
그대 생각 속에 길을 잃었다

오늘은 어디서 무엇을 할까
잊어버릴 듯하면서도 잊히지 않는 그대 모습
나를 탓하고 그대를 탓하며
그대 누운 곳을 향해 고개를 돌린다

어둡고 바람만 무수히 부는 밤
창가에 앉아 내려다보이는
저 찬란한 불빛 속에서 무엇을 나누고 있는가
뛰어내려 달려가 보고 싶다

내, 네 마음 같은 이 없음을
세상에 이치라 하건만 알 수 없는 마음
내, 네 마음이 아님을 알기에
누구의 잘못도 탓하지 않고 돌아서서 걸었다

먼 길 돌아 힘들게 이곳에 왔건만
가슴속에 꾹꾹 눌러 담은 마음 툭툭 튀어나와
나의 정신을 앗아 가는 것은
지난날에 인연이 아직도 남아 있어 그런가 보다.

3부. 행복은

행복은 마음속에서
불행도 마음속에서
행복하다, 행복하다 생각하면
행복한 사람이 될 거에요.

-행복은 중-

행복은

밤새 비 오고, 바람 불고
차기만 한 아침 기온
춥다고 웅크리지 말고
체온을 유지할 따스한 옷 입고
활기찬 하루 시작 해봐요

오늘은 내게 소중한 날이다 외치며

행복은 마음속에서
불행도 마음속에서
행복하다, 행복하다 생각하면
행복한 사람이 될 거에요.

소중한 선물

따뜻함은 어디에서 오는가?
편안함은 또 어디에서 오는가?
배려와 나눔이 묻어나는 마음
심성 고운 아름다운 모습 속에서 오리라

누군가를 만나
따뜻함과 편안함을 선물로 받는 그 행복
세상사 무엇과도 견줄 수 없는
소중하고 소중한 선물이라네.

건망증

전화를 받았다
도장 한 개 새겨주라고 부탁받았다
그러하마 했다
그리고 전화를 끊었다
전화 통화한 사실은 생각나는데
어떤 대회를 하는지 통 생각이 나질 않았다
하루 종일 대화 내용이 뭘까 생각했다

퇴근시간까지 궁금했다
어떤 대화를 하였는지 내게 뭔 부탁을 하였는지
퇴근 시간 누군가와 통화를 하였다
그때서야 생각이 났다 망각이 정말 심한 하루였다
달려가 도장을 새기고
전화를 했다 도장 새겨 두었다고, 잘했다고 한다

나이가 들어감에 더 새록새록 해지는 끔찍함
아주 오랜 기억은 그대로인데
삶의 순간순간 짧은 시간 속에
기억은 어디로 달아나고 말까
이것이 중년의 삶인가
끝내 생각나지 않았다면 집에 가서
뭔 이야기를 하였을까 이해는 해줄까 내 망각을.

당신과 나

나는 높은 산꼭대기
하늘 향해 드러누운 바위
당신은 수시로
그리움에 못 이겨 눈물짓는 하늘

하늘 향해 누운 나
그리움에 눈물 흘리는 당신
우리네 인연은
마음의 그릇과 단비 같은 것

그리움의 눈물 방울져 내려
마음 그릇 채운지가 수년
아직 마르지 않음은
당신이 간간이 채워 주고 갔기 때문이랍니다

바위와 하늘만 있는 곳
바람도 구름도 쉬어갈
정원을 만들어 봐요 당신과 나와 함께
그리움의 눈물은 이제 그만.

애인과 친구

애인은 새로운 애인이 좋고
친구는 오래된 친구일수록 좋다

애인과 오랜 시간동안 만나
나눈 사랑의 여운은
지우개 앞 연필로 쓴 편지와 같고
친구와 짧은 시간동안 만나
나눈 우정의 여운은
바위에 새긴 글과 같이 남아 있다

반백 년 함께할 친구들
짧은 만남이라 아쉬워하지 말자.

친구에게

사람을 만난다는 것은 쉬우나
친구가 되기 어렵고, 어렵다
어렵게 만난 친구지만 사랑하기는 더 어렵다

사람이 살아가면서
스쳐 지나가는 사람은 수없이 많건만
대화 몇 마디 나누는 사람은 드무네

대화 속에서 서로에 마음 무늬 찾아
닮은꼴의 마음 나누며 친구가 되고
친구가 사랑하는 사람으로 거듭나는 거란다

봄에 수없이 많은 꽃을 피워
벌이란 중매쟁이 덕분에 씨를 맺었으나
어려움 이겨내지 못하면
낙과가 되는 자연에 진리처럼

탐스러운 결실을 기다리는 과일같이
햇살 같은 고운사랑 듬뿍 나누어 어려움 이겨내어
사랑이란 과일을 함께 영글게 하자

지금은 너와 난 친구
가을 녘에 선 너와 난 사랑하는 연인.

아침단상

하늘이 참 맑은 날 아침
사무실 정원에 새소리가 참 맑네
하늘만큼 새소리만큼
맑은 마음 간직한 고운 친구
가끔은 새털 같은 구름으로
마음 하늘 가득 함께 수를 놓아보지 않을래
행복한 하루를 위해.

나는

나는 해야 할 것 못하고
나는 하지 말아야 할 짓 하고
나는 버려야 할 것 버리지 못하고
나는 얻어야 할 것 얻지 못한다

나는 때론 멍하게
나는 때론 한곳에 얽매여 산다
나는 바보 이고
나는 미치광이다

바보를 깨우고
미치광이를 정신 들게 하는 것은
무엇일까
삶이란 무서운 몽둥이가 아닐까.

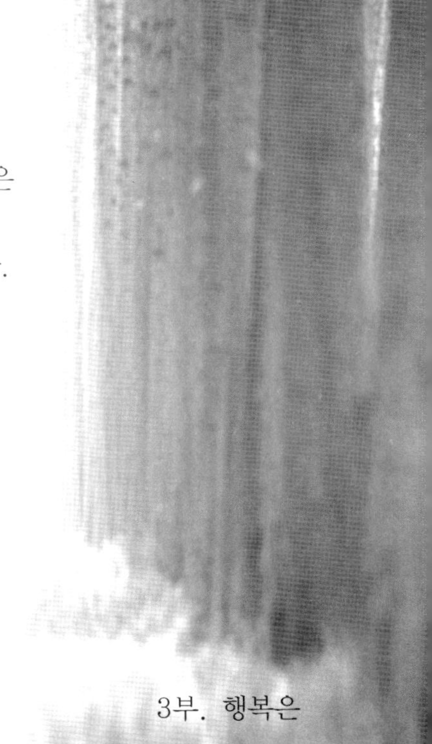

늘 함께하는 사람

늘 함께하는 사람은 소중함을 모른다
얼마나 소중한 사람인 것을
하찮은 일에도 감정은 상해지고
하찮은 일에도 가슴에 상처를 남긴다.

정말 소중한 사람은 누구인가
바로 늘 함께 하는 사람이 아니겠는가
하찮은 일로 모두를 잃지 않기를 바라는 마음
새소리 맑은 날 아침 다시 한 번 되새겨 본다.

황금연휴 중 출근

긴 연휴 가운데 토막
사무실 공간을 지키는 직장인인 나
집사람 볼멘소리
“남들 다 쉬는 날 오늘도 출근인가?”
말 못하고 출근해야 하는 나
가볍지 않은 발걸음
뚜벅뚜벅 사무실 공간을 울리는 소리가 말해준다

아이들 떠난 집안 공간
혼자 온종일 지키는 소중한 사람
저녁 퇴근길 어떤 이야기로 말을 걸어볼까
생각은 많으나
막상 현관문 열고 들어서면 나 왔어요
한마디가 끝이 된다
표현 없는 내 행동 토라지는 집사람

송홧가루 날리는 5월
뚜벅뚜벅 사무실 공간 울리는 발걸음 소리.

공무원 연금 20%삭감 소식에

연금법 소식에
이른 출근길 동료들의 발걸음
쇠사슬을 단 듯 무겁기만 하다

침묵의 순간들
결정해야 할 순간들이 점점 다가오나
목구멍이 포도청인 것을 어찌하랴

실낱같은 희망의 끈
노후를 설계하던 것도 잠시 접어야 한다
그리고 수정을 가하여야 한다

목줄을 쥐고 있는 사용자인 정부
퇴직금도 없이 퇴직수당 몇 푼과 연금을
어찌 다른 것과 비교하는지 답답다

춥고 배고픈 시절
조금만, 조금만 참아 우리나라 잘살게 되었을 때
보답해 주리라던 약속은 어디로 갔을까

무엇과 비교를 하리오
40년 세월 몸담아 묵묵히 지켜온 자리
웃으면서 떠나지 못하는 아픈 마음

우리는 월급을 받지 않았다
우리는 봉급을 받아왔다 쥐꼬리만큼 작은 봉급을
봉급 받은 우리를 국가는 버리고 있다.

길거리 유세를 보며

4년마다 반복을 거듭하는 길거리 인사
머리가 땅에 닿도록 절을 하는 모습
지나가는 객은 없고
지나가는 차량만 가득한 교차로
보행자 길 모두를 점령한 채 인사하는 사람들

보름이 지나면 저 모습 보이지 않겠지
승자와 패자가 구분되어
한쪽은 웃고 한쪽은 울고
오늘의 다짐은 어디로 사라져 버리고
다시 굳어져 버린 목덜미 많은 변화가 일어난다

오늘만 같아라, 오늘만 같아라
한결같은
낮은 자세로 살아가 주었으면 하는 작은 바람
몇 번을 되풀이해도 바램은 바램으로 끝이 나고
지금껏 군림하는 자로만 남았다, 이번도 같으리

선택을 받는다는 것은 행복한 것
그리고 더 많은 선택을 받아 승자가 되는 것은
더 큰 행복

선택을 받는 자 초심 잃지 말기를 바라는 마음
누구를 선택할지 마음의 등불을 켜고 살펴보자

선택의 날은 하루하루 다가온다.
선택을 받으려는 자 한순간
한순간이 아까운 시간
더 많이 알리고 더 많이 알아
허물만 쫓지 않는
후회 없는 선택이 되길 바라는 마음.

오늘, 또 다른 오늘

출근길 새로워지는 마음
다독다독 내 마음 다스리려 하나
현실 속에 내몰린 삶
한나절도 못되어 허물어져 퇴색되어 간다

오늘은 새로운 날 새로운 삶
오늘은, 오늘은 하지만 늘 똑같은 날, 똑같은 삶
오늘은 오늘 끝남이 아님을
또 다른 오늘도 오늘과 같으리

퇴색되어 가는 꿈을 간직한 나의 삶
새삼스럽지도 않은데
나는 늘 현실 속에 나를 잊으려 하는지
현실 속 나를 찾아 떠나는 길 멀기도 하다

새로운 날을 꿈꾸는 나 아직도 청춘인가.

미련이 남아

미련도 후회도 없는
인연이란 굴래 속 함께 뒹굴었던 지난 세월
마음 한 점 버리고 나니
어디를 가나 천국이고 극락인데
무슨 미련이 남아
사랑하고 미워하다 상처 한 점 남기는지.

곡간에 채우고 싶은 것은

오늘은 55번째 해 새 아침
하루하루
살아온 날이 54년을 넘겼네

내가 살아온 날
진정 나를 위한 삶은 몇 날인가
나를 찾은 날은 몇 날인가

사랑하고 살리라
미워하지 않고 살리라
행복을 함께 나누며 살리라

나와 함께 하는 이 모두에
사랑과 행복을 위하여
남은 나의 삶이란 곡간을 채웠으면 좋겠다.

비워진 꿈 독

꿈 하나 먹고 사는 삶이건만
언제나 허기진 체 살아간다는 것은
새롭고 신선한 꿈을
채워 두지 못하였기 때문이네

꿈의 씨앗은 어디에 있으며
꿈을 키울 자양분은 어디에 있을까
피 끓는 청춘처럼 보이건만
빈 독 들여다보는 눈동자 흐리기만 하네.

연꽃 같은 사람

구정물 속에서도 순백의 순결을 지키며
예쁜 꽃 꿈을 이루어
사랑받는 연꽃 같은 사람
예쁜 사람 꿈꾸는 사람
예쁜 사람 사랑받는 사람
나는 예쁜 사람 사랑하는 행복한 남정네.

월드컵 첫 경기

조마조마한 마음
안절부절 다리가 끄덕 끄덕
모두가 숨죽여 바라보는 눈길 속에는
오직 한 가지
언제일까, 언제일까
환호성이 울릴 순간

밤새워 기다렸고
가슴 조이며 기다렸던 시간들
하나 됨을 알려 주었네
오늘 아침은
너와 내가 없는 우리만 있는 시간.

부자와 빈자

부자는 생각 없이 나눌 줄 알아야 하고
빈자는 많은 생각으로
삶을 꾸려 나갈 방도를 찾아야 하나
요즘 세상은
부자는 어떻게 하면
더 모을 수 있을까 하는 생각 속에 살고
빈자는 아무런 생각 없이
귀찮은 듯 하루를 살아가고 있다
부자와 빈자가 바꾸어 앉아야 할 마음자리.

사랑

잊고 살다
가끔 여유가 생기면
살며시
뇌리 속에 똬리를 틀고 앉아
나를 깨우는 당신

당신은
사랑이 아니라 하여도
온 가슴
따습게 데우는
나만의 당신 사랑

피고 지고
피고 지고
섭리에 순응하며
세월을 기다리는
천 년 노목을 닮아 가고 있다.

기회와 성공

기회를 잡으려 하지 않는 사람이 어디 있겠습니까
성공을 원하지 않는 사람이 어디 있겠습니까
기회를 잡아 성공하고 싶지만
찰나에 왔다가 가버리는 기회를 위한
준비도 하지 않은 채
늘 남의 탓만 하고 사는 찌질 이 한 인생
자신의 탓을 알지 못하고 기회가 있을까
마음 졸이며 사는 인생
그 사람이 누구일까요 바로 나이겠지요.

환절기 건강

남의 눈 의식과
직장이란 테두리 속 제한된 여건이
건강은 계절을 따라가지 못하고
기침 소리 들리게 하네

환절기 속 건강
서로서로 보듬고 보살펴 작은 아픔마저 없기를
바라고 바라지만
말을 듣지 않는 고집, 고집 때문에 어쩔 수 없네

움츠려지고
몸이 으스스 떨림이 느껴지는 것은
계절의 변화를
쉬 받아들이지 못하는 육신의 고통.

내 마음은

흰 천을 검은 천으로
만들기는 쉬운 일이나

검은 천을 흰 천으로
만들기는 어렵고 고단한 일

내 마음은
검은색인가 봅니다

힘들고 고단한 일 마다하지 않으니.

잠시 잠깐

일에 열중하고
생각이 깊어지고
그냥 생각 없이 지나가는 시간

한순간, 한순간
이어진 시간들 연장선 위
정원에 잡초는 싹을 틔우고 꽃을 피운다

해 뜨고 해지니
시간이 그냥 가는 줄만 알았는데
쉼 없는 변화 속에 나를 여기에 있게 하였네

아파하는 것도 잠시
행복해하는 것도 잠시
잠시 잠깐 스쳐 지나가는 시간들.

저녁노을

서산마루 해 넘어가니
오색구름은
소설 바람 타고 춤추는 불꽃같아라

짧기만 한 저녁노을
까만 어둠 속
가슴 언저리에 남은 아주긴 여운.

잠은 어디로

사랑도 아닌 사랑으로
산산이 부서져 버린 내 삶의 흔적들
조각조각 찾아 연결해 보았으나
온전한 나는 어디에도 찾을 길 없다

마음이 시키는 일
육신이 시키는 일
나쁜 일, 좋은 일 구분치 못하고
멋대로 행한 나의 행동

베틀에 앉은 엄마의 모습이 나를 보듬는다
씨줄과 날줄이 인연으로 만나
가끔은 떨어지고 망가지나
한 필에 베가 되는 과정 보여주며 괜찮다 하네

까만 밤 그 먼 길을 어찌 왔을까
망가진 아들놈 무엇이 예뻐 왔을까
밤새 아들놈 곁을 지켜주시다
새벽녘 잠시 눈을 붙이고 나니 엄마는 없네

멍한 상태다
밤을 꼬박 세워가면서 찾았다
내가 누구에게
무엇을 하였는가, 그리고 아프게 하였는가를.

한가위

보름달만큼 부풀었던 가슴 부둥켜안고
북새통 같은 숨 막힌 도로도
내 고향 간다는 희망 하나로 뚫고 달린다

부모님을 만나고, 형제자매를 만나고
친지와 친구를 만나는 황금 같은 날
하늘은 맑고 오곡은 풍성한 들녘
지친 몸 풀어주네

거북등 같이 거친 손길로 안겨주는
눈물 같은 소중한 선물
나도 언젠가 오늘같이 베풀고 나눌 수 있을까.

인연 따라 사는 나

삶이란 연장선 위
저만치 보이는 목적지를 향해 달려가는 뒷모습
혼자인 듯하나 혼자가 아니고
둘인 듯하나 둘은 아니니
내 눈 의심한 듯 눈을 비빈다

꽃향기 따라 나는 벌과 같이
바람 따라 옷을 입는 잎사귀와 같이
인연 따라 사는 나
뉘와 함께 인연 맺어
앞서거니 뒤서거니 정다운 얘기 나누며 살아갈꼬.

우연과 인연

모래알처럼 많은 중생들 속에서
우연이란 아주 짧은 시각
인연이란 씨앗을 잉태하는 것은
정말 소중한 선물이 아닐까 합니다
선물로 받은 우연과 인연의 씨앗을
나눔과 배려와 서로를 인정하는 마음으로
열매를 맺게 하고
영글게 하여 정 하나 더 쌓아감이 어떠할까
인생이란 여행을 하는 숱한 중생들 무리 속
우연과 인연이 주는 둘이란 숫자는
아주 큰 의미의 숫자로 남았습니다.

공감하는 마음자락

내가 누인가 묻고, 당신이 누인가 묻고
나를 알려고 하고
당신이 누구인가를 알려고 하고 하는 것은
범부들의 작은 가슴앓이

주어진 삶을 채우고
채워진 삶을 비워가는 시간 속에서
내가 누구인가를 알고
당신이 누구인가를 알아 가리라

욕심은 욕심을 부르고 나눔은 나눔을 불러 세우는
인간사 속에서 나를 지탱하게 해주는 분의
구절구절 묻어 나오는 말씀을 어찌 담아가지 않으리오

감사합니다
고맙습니다
함께 공감하는 마음 자락.

인연

내가 누구인가
내가 무엇을 하고 있는가
묻지 않아도
누구인지 무엇을 하는지
알게 해주는 인연
인연의 씨앗은 어디에서 왔는가
마음은 마음으로 맞이하고
나눔은 나눔으로 이어지니
작은 것 하나
소중한 것이 없는 인연(因緣)
마음 정원에 심어둔
인연 꽃 곱기도 하다
고마움을 전하는 마음
무엇을 줄까 생각하는 마음
받아도 고맙고
주어도 고마운 인연의 싹을
우리 함께 키워보자
가끔 한번씩
스쳐 지나가는 인연 이것만
오랜 억겁에 인연 맺어온 관계처럼
편안하고 온화한 마음.

창 너머 내 마음

오늘은 창밖
새소리도 들리지 않는 아침
하늘에 낀 구름만큼
회색으로 가득한 마음 정원

껌벅이는 눈
무언가 찾으려는 눈동자
오랜 시간
작은 창문 너머 시선이 고정된다.

4부. 마음정원

언제부터인가 쌓여가는 마음
태산보다 높고 바다보다 넓은 우주로 남아
아름다운 정원 꾸미는 희망을 싹 틔우네.

-마음정원 중-

당신은 내게

나비였고, 꽃이었던 당신
낙엽 뒹구는 깊어진 가을
하늘나라로 가셨는지 당신은 내 곁에 없답니다
옷 하나 걸치지 못한 나
칼바람 마중 나오는 새벽 잔뜩 움츠린 채
기대 반 낙심 반 분별없는 생각으로
먼 길 떠날 준비를 한다
지난날
당신은 내게 꽃이었습니다
당신은 내게 나비였습니다

지금
당신은 내게.

한마디

지난날 엄마가 나에게
한마디 하면 귀찮다고 하였고
한마디 하면 쓸데없는 말이라 하였고
한마디 하면 이젠 제발 그만하라고 하였다

지금 내가 아이들에게 똑같이
한마디 하면 귀찮다고 하고
한마디 하면 쓸데없는 말이라 하고
한마디 하면 이젠 제발 그만하라고 한다

나도 몰랐던 그 한마디 속에 숨은 뜻
아이들도 한마디 속에 숨은 뜻을
모르고 자라난다
먼 훗날 아이들이 내가 되면
오늘 내 마음 같으랴
그리고 말 한마디에 속뜻을 알리라

사랑이었다는 것을.

습작

나의 마음 표현하는 습작
남이 나를 어떻게 생각할까
내가 쓴 글이 논리에 맞을까
함께 공감하는 이 있을까

몹시 쉬우면서도 몹시 어려운 작업

습작을 하는 나를 움켜잡는
숱한 생각 생각들
이 마음 저 마음 버리고 나면
나만의 세상이 나를 맞이한다.

아둔함

세상은 나를 지켜보고 있는데
나는 세상을 보지 못하고 있다
세상은 나를 보고
어떤 사람인가 구분 컨만
진작 내가 나를 보고
내가 어떤 사람인가 구분치 못한다.

말은 안 해도

육신으로 만나는 사람
눈으로 만나는 사람
마음으로 만나는 사람

한순간에 만남은 육신으로 만나고
짧은 만남은 눈으로 만나고
긴 시간동안 만남은 마음으로 만난다.

나와 당신은
어떤 만남일까
내가 알고 당신이 알겠지
말은 안 해도.

마음의 곡간

똑~ 똑~ 똑
마음의 곡간 문 두드리는 소리
삐거덕~
마음의 곡간 문 열리는 소리

당신은 나의 마음의 곡간 문
나는 당신의 마음의 곡간 문
소중한 마음 한줌씩 나누어 가지면서
두드리고 열어주었네

반백은 닫혔던 곡간 문
반백 년 지켜온 곡간
함께 연 마음의 곡간
늦었지만 배려와 사랑을 채웠으면

눈빛으로
말끝에 전해오는 온기로
말은 안 해도 알 수 있는 약속.

불알친구

오랜 시간 동안 떨어져 지내다
보고 싶은 마음에 가벼워진 발걸음
쉰이 넘어도 변하지 않은 어린 날의 마음 남아
종내기, 가시나 쉽게 나와도
듣기 싫지 않은 다정한 목소리

무거운 삶의 짐을 잠시 내려놓고
하루 종일 수다를 떨어도 지겹지 않은
웃음소리 가득한 만남은
추억이란 달콤한 시간이 남아 있기 때문이 아닐까

다음에 또 보자, 다음에 또 보자
마음속 다짐들 하지만 어려운 삶의 숙제를 하다
오지 않는다고 책망도 않는다.
다음에 또 오면 반가운 친구들

비가와도 우린 만났고
비가와도 함께 산행하였다
웃음소리 가득한 행복한 시간
너와 난 불알친구

마음

텅 빈 파란 하늘같은
마음이지만
때론 추억이란 잔 구름과
아픔이란 먹구름이 가득한 마음

항상 텅 빈 파란 하늘이면
삶이 공허할 때도 있기에
오늘 하루만은
텅 빈 하늘이 아니었으면 좋겠다.

당신!
나의 파란 하늘을 나는
내 마음속 새가 되어 주지 않을래요.

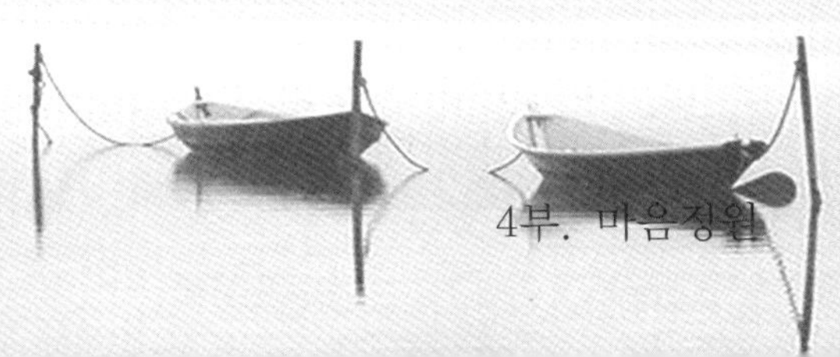

이 아픔을, 슬픔을

내가 그 아이들의 부모였다면
나는 지금 미쳐버리고 말았을 것이다
봄날 꽃봉오리 같은 아이들
피우지도 못하고 죽어갔을 우리 아이들
이 아픈 마음 무엇으로 표현하리
답답하고 터져버릴 것 같은 가슴
아수라장이 되어버린 현장 못다 핀 꽃봉오리

"TV 보는 것이 낙인 할배의 한마디
가슴이 아파 TV를 못 켜고 있다고 하네"

생각하는 삶

생각하는 것은 자유다
그러나 생각을 실천에 옮기는 것은 책임이 따른다
생각하는 것을 실천에 옮길 때는
어떤 결과가 도래할지를 고심해야 한다

생각 없이 살 것인가
헛된 생각에 젖어 살 것인가? 살아가는 동안
생각 없는 삶은 헛된 삶이 되고
헛된 생각 속에 젖어 사는 삶 또한 부질없는 삶이 된다

생각의 자유를 누리고 살자
또한 그 생각이 나를 위하고 당신을 위한
실천하는 삶을 살아가자
험하고 어두운 세상에서 조용한 산사에 촛불처럼.

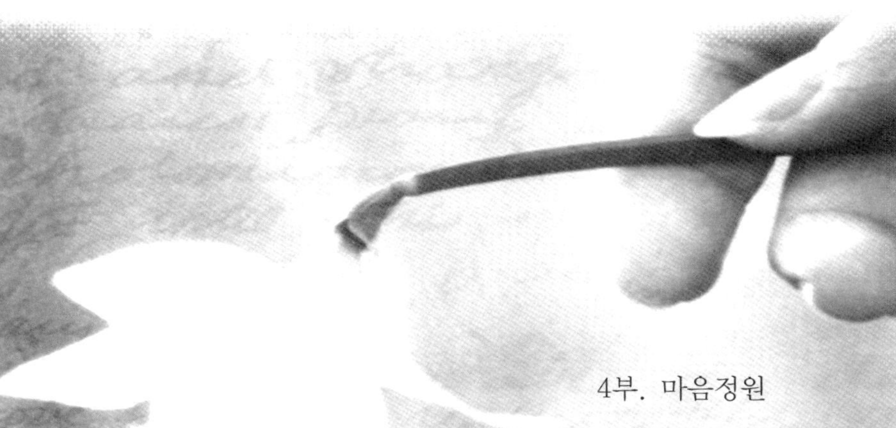

단순하게 살고 싶다

단순하게 살고 싶다
배고프면 밥 먹고, 똥 누우려면 똥 누고
잠 오면 잠자고 그냥 그렇게

무엇을 생각한다고
무엇을 할 것이라고 새벽부터
부산을 떨어보았자 부질없는 일

주어진 시간
내 앞에 닥치는 일들 요리조리 피하지 않고
그냥, 그냥 생각 없이 삶을 살고 싶다

살아가다 만나는 험난한 길
그 길이 가시밭길이라도
아픔을 미리 생각하지 않으련다
그냥, 그냥 가야만 하는 길이라 생각하련다

다가오지도 않은 아픔
다가오지도 않은 행복
생각만 한다고 내 것이 아님을 어찌 몰랐는지

단순하게 사는 시간
아픔도 행복도 나를 비켜가지 않기를
오직하나 바라는 마음.

전사자 유해 안장식

햇살이라도 보고 싶은데
깊은 밤 별들도 보고 싶은데
무심한 떡갈나무 숲은
파란 하늘을 오래도록 가리고 있었단다

그대들은 나를 잊었는가
그대들은 지난 역사를 잊었는가
푸른 세상 울려 퍼졌던 그날의 포성을
그리고 그날의 충정을

잊어버린 줄 알았던 누운 자리
후배들은 먼 길마다 않고 찾아주어 고맙고
밝고 따스한 이곳에서
전우들과 함께 누울 수 있게 해주어 고맙다

청운에 꿈 접고
총 메고 전장 터 나가 피 흘린 선배님
잊고 지낸 지난 세월
늦게 찾아 모시게 되어
아쉽고 미안하기만 합니다.

공감해주는 이들을 위하여

내 마음속에 파도처럼 일렁이는 숱한 생각들
어떻게 보면 부끄러운 면도 있고
어떻게 보면 창피한 면도 있지만
그래도 누군가와 함께 공감할 수 있음은
나에게 용기를 주고 또 글을 쓰게 한다

엊그제 갑자기 받은 시화전 원고청탁
처음에는 막막하였지만 두서없이 쓴 글이
읽은 이로 하여금
눈물 나는 한편의 글이라고 하는 말을 들었다
그렇게 까지 함께 공감해 주는 이 있다는 것이
내 가슴속에 잔잔한 여운으로 남아 더 행복하다

오늘도 숱한 생각들이 나를 찾아오리라
그리고 나는 부족한 글이지만 또 몇 줄에 글을 쓰리라
나의 글을 읽어 주고 공감하는 이 있기를 빌며.

보이지 않는 곳에

눈에 보이는 것이 다가 아니며
귀에 들리는 것이 다가 아닙니다.

내 마음속에, 당신 마음속에
보이지 않는 것도 수없이 많답니다

보이지 않고, 들리지 않는 곳에
참된 의미가 있음을 우리는 잊고 지냈답니다.

『눈에 보이는 것
귀에 들리는 것에 집착 마세요.
-울화통 캠프-』

새대가리인 내 생각

나는 공인가 봐
이놈도 차보고 저놈도 차보고
차면 차는 데로 굴러가는 공

차도 차도 말 한마디 못하고
차다가 실증나면 버려도 되는
쓸데없기 짝이 없는 공 같은 사람

당신들 생각하기엔
당신들이 찬 공이 튀어나와
당신들 머리를 행해 돌진할 수 있다는 것을
방심하면 안 되리라

영원히 한곳에 머무는 물은 없고
영원히 아름다운 것도 없고 영원한 권력도 없다
모두가 한순간인 것을
새대가리인 내 생각.

가을·1

봄 같은 어린 날, 여름 같은 젊은 날
살아온 시간 속 남겨진 잔영들은
어디에 어떻게 남았을까
또 겨울 같은 노년은 어떻게 남겨질까
아침은 봄이고, 낮엔 여름이고, 밤은 겨울인 가을
삶의 흔적을 위해 몸부림치나
손아귀에 잡히는 것은
스쳐 지나가는 바람 한점 뿐이네.

상처로 깊어진 구멍

상처로 깊어진 가슴에 난 구멍 속으로
세찬 바람이 들어옵니다
계절이 계절인 만큼 바람이 너무너무 차갑네요
겨울은 다가오는데
무엇으로 차가운 바람 들어오는 구멍을 막을까
그대 떠난 빈자리에 가득한 하얀 눈으로 막아볼까
아니면 낙숫물로 얼룩진 두꺼운 얼음으로
꽁꽁 막아볼까
막히지 않을 가슴에 난 구멍, 끝나지 않을 것 같은
겨울 방법이 없다.

지워지지 않는 흔적

비 오는 날의 수채화가
마음속 화폭에 담길 때면
어김없이 다가오는 발걸음 소리,
문 두드리는 소리
간간이 찾아와 남겨 두고 간 그대 흔적
잠 오지 않는 긴긴 밤
혹시나 그대 오시려나 기다리는 마음.

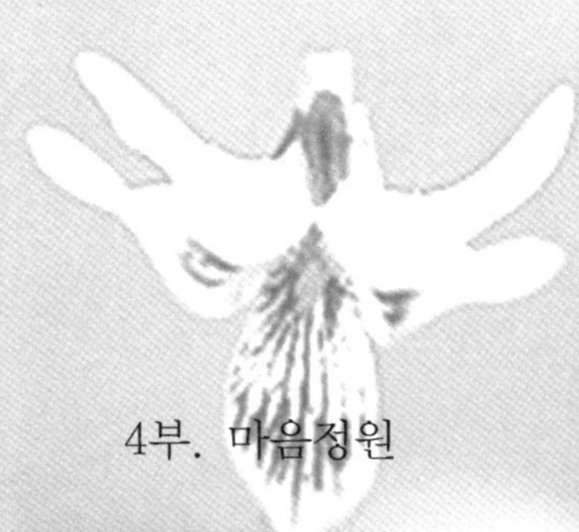

난로(煖爐)

스산한 바람이 불어와
어깨 위에 내려앉아 떠날 줄 모르네
정성이란 불씨와
사랑이란 기름이 하나가 되어
나는 당신의 난로가 되고
당신은 나의 난로가 되어봄이 어떨까

따뜻한 손길과
따뜻한 가슴이 그리워지는 계절에.

등불 같은 당신

맑고 고운 당신
암흑 속 등불이 되어 잡아준 손
길눈 어두운 중생
험한 길 곱게 인도하네
가을 하늘 맑다 하나
당신의 마음보다 맑지 못하고
가을 색이 곱다 하나
당신의 고운 모습보다 못하리.

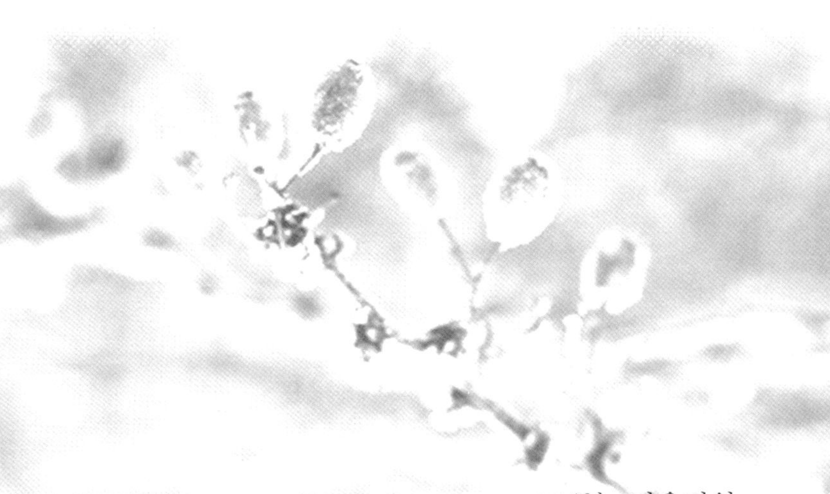

자신을 모르고 사는 세상

내가 나를 모르고
어찌 당신이 누구인가를 알려고 하는가
내가 누구인가
자문자답해보고 내가 누구인지 답을 얻고
당신이 누구인가 물어야 하건만
궁금증이 많은 세상
정작 자신에 대한 궁금증조차 없는 세상
내가 사는 세상은 어디로 가고 있나.

마음정원

내 마음 한 점, 네 마음 한 점
모래알처럼 작디작은 마음 비바람에 씻기어
없어져 버릴 것 같아 걱정되었건만

언제부터인가 쌓여가는 마음
태산보다 높고 바다보다 넓은 우주로 남아
아름다운 정원 꾸미는 희망을 싹 틔우네.

속빈 노목의 선물(감나무)

언제부터 속살이 썩는 아픔이 있었는데
자기를 사랑한다는 아저씨는
새까맣게 모르고 있었으니
얼마나 아프고 서러웠을까

참다 참다 어느 날 모진 폭풍우로 인해
가지는 하나둘 떨어져 나가고
푸르던 이파리도 하나둘 떨어져
속이 빈 둥치만 덩그렇게 남았다

하루 이틀 시간이 지나 계절이 바뀐 어느 날
아저씨는 나를 향해
무시무시한 톱과 낫을 들고 와
자르고 속을 파냈다
그리고 약을 주었다,
무서운 시간이었지만 참아야 했다

나를 잊지 않았구나. 밑동을 자르지 않고
썩은 가지와 상처 난 부분만 도려내고
아픔을 치유해주었으니
나를 사랑하는 아저씨를 위해
살아야겠다는 각오가 새로워졌다

아저씨와 나는 열심히 속살을 치유하고
아저씨 키 높이에서 보기 좋게 너덧개나
이른 봄 새싹을 틔웠다
살아 있을 감사며 아저씨는 정성을 다 주었다

가지들은 하루가 다르게 자라나
여름날 제법 사랑해주는 아저씨를 위해
그늘을 선물해주었다
아저씨는 미안하다 하네, 마음 주지 못함에

아저씨 마음 변하지 않음에 감사하며
가지가 자라 이듬해엔 예쁜 꽃을 피우고
가을엔 튼실한 과일 선물을 전하니
그제야 환한 미소 짓는 아저씨 얼굴
꽃보다 아름답구나.

통화

빈아 밥은 먹었나
빈아 몸은 아프지 않나
빈아 용돈은 있나

병주야 밥은 먹었나
병주야 몸은 아프지 않나
병주야 용돈은 있나

대답은 네, 괜찮아요. 용돈은 좀 더 주면 좋지
짧은 대답뿐 대화는 끊어진다
무엇이 그리 바쁜지 조근조근 대화가 없다

아비는 매일 전화를 하건만
아이들은 전화기를 잃어버렸는지
내 전화벨은 울리지 않는다

부모님의 마음 나는 몰랐다
이젠 조금은 알 것 같다
아이들 멀리 떠난 보낸 뒤 내 마음 같았으리라.

아이들이 식사 거르지 않고
건강하게만 지내 주길 바라는 마음 내 마음.

사랑이란 바다

마음의 샘에서 솟아나는
생각이란 샘물은
인연이란 강을 지나지나
사랑이란 바다에 모여
메말랐던 너와 나의 가슴속을 채워주네

마음하나
생각하나 어느 것 하나
소중한 것이 없다네
너와 나의 마음, 생각
덕지덕지 붙여가며 추억에 책장을 만들자

사랑의 바다가 마를 때까지.

마음

미워하는 마음
좋아하는 마음에서 생겨나고
좋아하는 마음
미워하는 마음에서 생겨난다.

미워 못살고
좋아 못사는 너와 나의 마음
내 마음 네 마음
하나 된 마음으로 함께하는 삶의 넋두리

미워하는 마음
좋아하는 마음
내 마음, 네 마음속에 담아두려고 합니다.

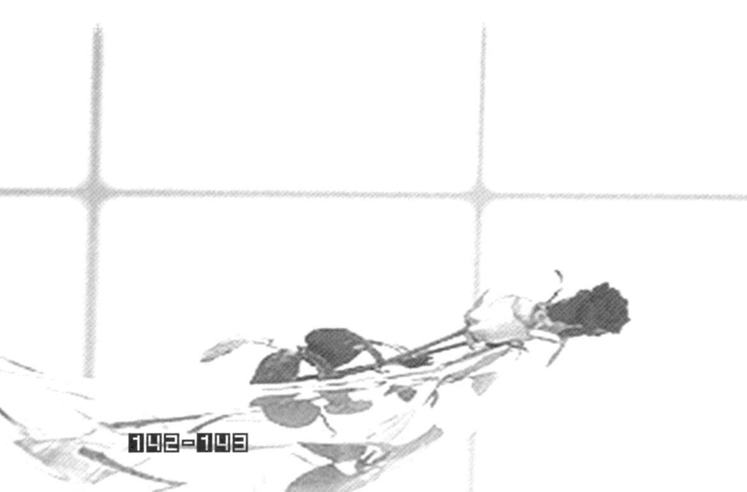

농부의 마음

『농부는 비바람과 가뭄의 피해를 보면서도
날씨가 좋은 날이면
비가 와서 못하고 가물어서 못한 것까지 다한다.
끊임없이! 작게라도』

농부의 마음 하늘의 뜻을 따르는 마음
순리에 따르며
나란 존재를 잊어가면서도 나란 존재를 지켜가는 것

-나도 농부의 마음 닮았으면-

동행

인 쇄 : 초판인쇄 2014년 10월 25일
인 쇄 : 초판인쇄 2014년 10월 30일
지은이 : 성상길
펴낸이 : 윤기영
편 집 : 정설연
펴낸곳 : 노트북
등 록 : 제 305-2012-000048호
본 사 : 서울시 동대문구 사가정로 256-4호 나동B101
전 화 : 070-8887-8233 팩시밀리 02-844-5756
이메일 : hdpoem55@hanmail.net

2014 & 성상길_네 번째 시집

정 가 : 10.000원

ISBN : 978-92687-49-2-03810

한국 현대시[韓國現代詩]

811.7-KDC5
895.715-DDC21 CIP2014030303